ANDRÉ DU BOUCHET

# Dans la chaleur vacante

SUIVI DE

# Ou le soleil

GALLIMARD

# DANS LA CHALEUR
## VACANTE

*Dans la chaleur vacante*

# DU BORD DE LA FAUX

## I

L'aridité qui découvre le jour.

De long en large, pendant que l'orage
va de long en large.

Sur une voie qui demeure sèche malgré la pluie.

La terre immense se déverse, et rien n'est perdu.

A la déchirure dans le ciel, l'épaisseur du sol.

J'anime le lien des routes.

II

La montagne,

                       la terre bue par le jour, sans
       que le mur bouge.


            La montagne
            comme une faille dans le souffle

            le corps du glacier.


Les nuées volant bas, au ras de la route,
   illuminant le papier.


Je ne parle pas avant ce ciel,
                 la déchirure,

                               comme
   une maison rendue au souffle.

J'ai vu le jour ébranlé, sans que le mur bouge.


**III**

Le jour écorche les chevilles.

Veillant, volets tirés, dans la blancheur de la pièce.

La blancheur des choses apparaît tard.


                    Je vais droit au jour turbulent.

# RUDIMENTS

## 1

Force
ou génie de la toux

incroyable glacier.

## 2

Rester au niveau, à quelques pouces du front,
dans le feu infirme.

Comme un arbre dans le froid, le mur franchi se perd
aussi, vraie peinture.

Les mains que ce même vent, le soir,
                                    arrêté sur la route,
              brûle.

3

Ce balbutiement blanc

cette bulle

la figure
encore criblée de pierres

à côté de chaque roue

dans la paille

qui craque

près de la lumière.

4

Le feu

ce feu
qui reprend
derrière la terre fermée

je referme la porte blanche

le souffle
qui sort du champ

la lumière

la bride.

5

Au pire,
        l'orage endormi contre un mur. La montagne,
le caillou qui ensevelit la montagne.


Quand la nuit tombe, la route inutile est couverte de
pays noirs qui se multiplient.


J'ai construit un été en quelques jours, au-dessus de
mes mains, au-dessus de la terre.

## PAR LA VOIE RÊCHE

Pour le feu dont la tenaille court toute la nuit,
                              la femme qui reste éveillée.


Dans la poussière du glacier, j'aperçois le ciel,
          franchi plus tard, la nuit venue,
sur le sol démonté. Et le jour bêchera notre poitrine.


Avant que ma route se perde à la surface des pierres.


L'air qui fête la dernière vague, l'air qu'on ne voit pas.

18

Comme la terre franchie loin des routes.

## LE NOUVEL AMOUR

Si loin,
          déjà endormi, que je pense au sommeil.


          Labour, c'est cette lame que je verrais,
j'entendrais.

L'oreiller,
          le glacier, sans ta tête.


          Ce matin,
                    éloigné
    et debout.


Si je pouvais avancer sans respirer, j'avancerais peut-
être comme l'air sur la moire des routes.

Ouverte, la maison ne nous retranche plus du front des routes,
          de ce lit défait.

# LE GLACIER

1

Vent

grand visage
glacé

agité

la pierre

ou le faîte

le vent.


2

La porte, l'air blanc.

3

Sur la terre compacte où je continue de brûler, l'air nous serrant à mourir, nous ne reconnaissons plus le mur. J'occupe soudain ce vide en avant de toi.

4

Au deuxième tournant, la vague aveuglante d'un glacier, quelques brins d'air.

5

Je m'alimente d'un feu de pierres

je renonce

il y a une main
tendue
dans l'air

tu la regardes

comme si tu la tenais de moi

partout nos traits
éclatent.

# LAPS

L'ombre,
        plus courte, la chaleur, dehors, nous
tenant lieu de feu. Rien ne nous sépare de la chaleur.
Sur le sol du foyer où j'avance,
                    rompu,
vers ces murs froids.

# AVANT QUE LA BLANCHEUR

Avant que la blancheur du soleil soit aussi proche que
ta main, j'ai couru sans m'éteindre.


Dans l'obscurité du jour, tout n'est, sur cette route,
que chute,
            et éclats. Jusqu'à ce que le soir
      ait fusé.


Notre route n'est pas rompue par la chaleur qui nous
renvoie,
            éclairés.        Sans que tu t'arrêtes à cette cha-
leur.      La route où je sombre encore me devance,
comme le vent.

J'ignore la route sur laquelle notre souffle se retire. Le jour, en tombant, m'entoure.


Ma main, reprise déjà, fend à peine la sécheresse,
   le flamboiement.

## LA NUE

Que l'étendue nous déserte, et nous avancerons,
comme la nue,
                    au fond de l'air.


Inégal,
        lorsqu'il fait jour, à la force de cette route,
jusqu'à l'extinction des pierres,

                              inconnues
des mains, qui affleurent.

Le jour qui nous refoule dans l'empierrement du souffle.


Au sol inaccessible, sur la route laissée à la lampe, toute pierre est lampe.


Pour traverser la route, avant qu'elle soit battue par le jour.
     La montagne.




                    Le feu,
                        reçu,
                              aux
                    sommets du sol,
me rejoint, presque.

*Sol de la montagne*

# SOL DE LA MONTAGNE

Le courant force

se risquer dans le jour
comme dans l'eau
froide et blanche

dure
pour le motocycliste

comme un couteau déplacé par le souffle

les montagnes sortent à peine de terre

quand la route casse
je change de pied

elle est couverte de neige.

# LE FEU ET LA LUEUR

Cette profondeur,

                    cette surface dont un champ
          compose l'aile.


                         Le jour, papillon glacé.


J'ai suivi le jour, je l'ai traversé, comme on traverse les
terres.

Matière froide

éparse

matinée froide
éparse

tout s'est refait
déchiré
ce qui est aujourd'hui

d'un autre registre

sous ces froides tentures

sur le plateau des terres.

Au début de la poitrine froide et blanche où ma phrase
se place,
                    au-dessus du mur, dans la lumière sauvage.


A la fois le vent et le corps de la pierre, bec par où la
terre se dessine, ou plutôt disparaît.


Dans l'immense feu blanc qui me sert de chambre,
l'air manque, l'air demeure aride.

Paroi d'air
au-dessous de la terre soulevée

hors des atteintes de l'air

tout est détruit

comme un peu d'air
dans une main ouverte

montagne

presque rien

montagne
dont nous suivons la montée
vert-de-grisée.

# MÉTÉORE

L'absence qui me tient lieu de souffle recommence à tomber sur les papiers comme de la neige. La nuit apparaît. J'écris aussi loin que possible de moi.

# RELIEF

Aujourd'hui la lampe parle

elle a pris une couleur
violente
tout éclate et rayonne
et sert
jusqu'aux miettes

la soucoupe blanche
que je vois sur la table
que l'air modèle

la vérité morte
froide
vivante maintenant

et sans arrêt

à voix haute.

La neige de notre respiration
fond

vivant

au ralenti

comme une table

dans la lumière sauvage de l'écorce

nature vivante
déjà hier
sur un rayon

avec des vêtements secs.

Sûr de refleurir

rien ne dérangera
l'ombre
de ma chambre

avec des seaux de froid
en haut
d'une montagne d'air
qui ressemble à un seau

elle tremble
comme une lampe

j'éclaire

je vois

des lettres

sur cette table
sauvage.

# ACCIDENTS

J'ai erré autour de cette lueur.

Je me suis
déchiré, une nouvelle fois, de l'autre côté de ce mur,
comme l'air que tu vois,

à cette lueur froide.
De l'autre côté du mur, je vois le même air aveuglant.


Dans le lointain sans rupture,
comme l'étendue même de la terre entrecoupée que,
plus loin, je foule, nul ne sent la chaleur.


Nous serons lavés de notre visage, comme l'air qui
couronne le mur.

## LE MUR SUIVANT

A l'extrémité du jour,
                              du souffle, où la terre débute,
cette extrémité qui souffle. J'atteins le sol au fond de ce
souffle,
                    le sol grandissant.          L'air est
plus froid que la route.


Le plafond se résout, plus il s'éloigne du sol piétiné, en
une vapeur que déchire la tête froide du vent.


L'air sans chaleur ne croule pas.

43

## L'AIR SOUDAIN

Au pied de ce mur que l'ombre défait, l'ombre attend,
de ce ciel.


Cette blancheur furieuse, la nuit,
le souffle
qui me sépare de mon lit.


L'horizon diffus,
à la coupure du souffle. J'avance dans
le jour retentissant.


La maison s'anime. L'air se fend.

# FRACTION

Le lointain est moins distant que le sol, le lit mordant
de l'air,
      où tu t'arrêtes, comme une herse, sur la terre
rougeoyante.


Je reste au-dessus de l'herbe, dans l'air aveuglant.


Le sol fait sans cesse irruption vers nous,
               sans que je m'éloigne
    du jour.

Rien,
Je ne subsiste pas

aujourd'hui, n'est foulé.
dans l'air nu.

Sur cette route qui grandit.

*Au deuxième étage*

# AU DEUXIÈME ÉTAGE

En pleine terre, je sors des brindilles, des fenêtres,
comme une maison, dans l'air qui bat les murs de
cette demeure sans goût.

Ce qui est tangible et noir entre les deux fenêtres, comme le mur où j'ai fini. Tout flambe, tout recommence au-delà.

J'étais soutenu par la chambre dont je disposais.

Le ciel derrière l'arbre comme un ongle blanc, et la gorgée de terre que nous avons bue d'un trait. J'ai plongé deux fois dans la terre, jusqu'à l'horizon. Ce vide bourgeonnant, ce foyer sans reflet, comme une fenêtre.

Les murs retrouvés en déménageant, la pierre nue, ce feu que la fatigue renie, comme deux brindilles, les croisées sans éclat,
                              rempli de ciel,
environné de bois, dans l'épaisseur ravinée.


A la seconde apparition de la terre, j'entre dans le front blanc qui me domine, et que je ne remarque pas à côté de moi. Ce front au-dessus de ma tête, très haut.


Tout rosit jusqu'au sol. Tout est chaleur, et pièce de feu.

Ce feu comme une aile blanche, partout où l'air souffle. Par cette trouée.

Je traverse l'image de la maison. Je ne m'imagine pas réduit aux murs. A l'étendue de la chambre. Ailleurs, le feu s'est resserré. La distance nous répare.

Comme le corps de la terre que l'étendue répare. Nous sommes aérés, dispersés, séparés.

Il y a devant nous une montagne,
                              un morceau
                                        d'air
              formé par un fil.

Des papiers de tous les feux jusqu'au jour délavé. Une
voix aux fins éclats. Cette terre qui s'étend sur toi
comme une main, partout où le ciel remplace le mur, le
plâtre nu,
              au pied des pierres.

Cette calotte sauvage,

                       sans air, sans arbres, qui se
calque sur la terre grossière, approximation grossière
de la terre.

La partie claire et blanche où le nuage se déchire, où
nous allons. Le genou contre la porte de bois, et cette
gorgée de terre,

                  cette toux.
A l'endroit du champ vide, je me suis plusieurs fois
déchiré.

Ce mur qui suffit pour tenir le soir. Quelques brins du
souffle serrés contre le front.

Grand champ obstiné


embolie.


Tout commence
à la montagne inachevée, à un moment de terre
perdu.

*Le moteur blanc*

# LE MOTEUR BLANC

I

J'ai vite enlevé
cette espèce de pansement arbitraire

je me suis retrouvé
libre
et sans espoir

comme un fagot
ou une pierre

je rayonne

avec la chaleur de la pierre

qui ressemble à du froid
contre le corps du champ

59

mais je connais la chaleur et le froid

la membrure du feu

le feu

dont je vois
la tête

les membres blancs.

## II

Le feu perce en plusieurs points le côté sourd du ciel, le côté que je n'avais jamais vu.

Le ciel qui se hisse un peu au-dessus de la terre. Le front noir. Je ne sais pas si je suis ici
ou là,
         dans l'air ou dans l'ornière. Ce sont des morceaux d'air que je foule comme des mottes.

Ma vie s'arrête avec le mur ou se met en marche là où le mur s'arrête, au ciel éclaté. Je ne cesse pas.

# III

Mon récit sera la branche noire
qui fait un coude dans le ciel.

IV

Ici, il ouvre sa bouche blanche. Là, il se défend sur
toute la ligne, avec ces arbres retranchés, ces êtres
noirs. Là encore, il prend la forme lourde et chaude de
la fatigue, comme des membres de terre écorchés par
une charrue.

Je m'arrête au bord de mon souffle, comme d'une
porte, pour écouter son cri.

Ici, dehors, il y a sur nous une main, un océan lourd et
froid, comme si on accompagnait les pierres.

V

Je sors
dans la chambre

comme si j'étais dehors

parmi des meubles
immobiles

dans la chaleur qui tremble

toute seule

hors de son feu

il n'y a toujours
rien

le vent.

# VI

Je marche, réuni au feu, dans le papier vague confondu avec l'air, la terre désamorcée. Je prête mon bras au vent.

Je ne vais pas plus loin que mon papier. Très loin au-devant de moi, il comble un ravin. Un peu plus loin dans le champ, nous sommes presque à égalité. A mi-genoux dans les pierres.

A côté, on parle de plaie, on parle d'un arbre. Je me reconnais. Pour ne pas être fou. Pour que mes yeux ne deviennent pas aussi faibles que la terre.

## VII

Je suis dans le champ
comme une goutte d'eau
sur du fer rouge

lui-même s'éclipse

les pierres s'ouvrent

comme une pile d'assiettes
que l'on tient
dans ses bras

quand le soir souffle

je reste
avec ces assiettes blanches et froides

comme si je tenais la terre
elle-même

dans mes bras.

# VIII

Déjà des araignées courent sur moi, sur la terre démembrée. Je me lève droit au-dessus des labours, sur les vagues courtes et sèches,

                           d'un champ accompli
et devenu bleu, où je marche sans facilité.

IX

Rien ne me suffit. Je ne suffis à rien. Le feu qui souffle
sera le fruit de ce jour-là, sur la route en fusion qui
réussit à devenir blanche aux yeux heurtés des pierres.

# X

Je freine pour apercevoir le champ vide, le ciel au-dessus du mur. Entre l'air et la pierre, j'entre dans un champ sans mur. Je sens la peau de l'air, et pourtant nous demeurons séparés.

Hors de nous, il n'y a pas de feu.

# XI

Une grande page blanche palpitante dans la lumière dévastée dure jusqu'à ce que nous nous rapprochions.

# XII

En lâchant la porte chaude, la poignée de fer, je me trouve devant un bruit qui n'a pas de fin, un tracteur. Je touche le fond d'un lit rugueux, je ne commence pas. J'ai toujours vécu. Je vois plus nettement les pierres, surtout l'ombre qui sertit, l'ombre rouge de la terre sur les doigts quand elle est fragile, sous ses tentures, et que la chaleur ne nous a pas cachés.

# XIII

Ce feu, comme un mur plus lisse en prolongement vertical de l'autre et violemment heurté jusqu'au faîte où il nous aveugle, comme un mur que je ne laisse pas se pétrifier.

La terre relève sa tête sévère.

Ce feu comme une main ouverte auquel je renonce à donner un nom. Si la réalité est venue entre nous comme un coin et nous a séparés, c'est que j'étais trop près de cette chaleur, de ce feu.

## XIV

Alors, tu as vu ces éclats de vent, ces grands disques de pain rompu, dans le pays brun, comme un marteau hors de sa gangue qui nage contre le courant sans rides dont on n'aperçoit que le lit rugueux, la route.

Ces fins éclats, ces grandes lames déposées par le vent.

Les pierres dressées, l'herbe à genoux. Et ce que je ne connais pas de profil et de dos, dès qu'il se tait : toi, comme la nuit.

Tu t'éloignes.

Ce feu dételé, ce feu qui n'est pas épuisé et qui nous embrase, comme un arbre, le long du talus.

## XV

Ce qui demeure après le feu, ce sont les pierres disqualifiées, les pierres froides, la monnaie de cendre dans le champ.

Il y a encore la carrosserie de l'écume qui cliquette comme si elle rejaillissait de l'arbre ancré dans la terre aux ongles cassés, cette tête qui émerge et s'ordonne, et le silence qui nous réclame comme un grand champ.

# EN PLEINE TERRE

En pleine terre
les portes labourées portant air et fruits
ressac
blé d'orage
sec
le moyeu brûle
je dois lutter contre mon propre bruit
la force de la plaine
que je brasse
et qui grandit
tout à coup un arbre rit
comme la route que mes pas enflamment
comme le couchant durement branché
comme le moteur rouge du vent
que j'ai mis à nu.

# CE QUE LA LAMPE A BRÛLÉ

Comme une plaie qui se répète

la lumière

où nous enfonçons

l'ombre
estimée par la montagne
la hauteur de l'ombre

j'ai commencé
par être

cette mèche défaite

la terre

où passe
la manche du vent.

Je me dissipe sans renoncer à mon feu,

                                    sur une pente
droite.
            De pierre.        Aujourd'hui ma bouche est
neuve. Au bout de la descente, je recommence.


Comme un plafond qu'on regarde dans un miroir, je
réunis les reflets de la montagne.


La lumière est dans la partie noire de la pièce, dans le
coin sombre où la table se soulève.


Un chemin, comme un torrent sans souffle. Je prête
mon souffle aux pierres. J'avance, avec de l'ombre sur
les épaules.

Nous nous reconnaissons à notre fatigue, le bois des membres, le bûcher tout à coup délaissé par le feu, et froid au fond du jour. Nous prenons froid. Puis j'ai tourné le dos à ceux qui s'embrassent.

Notre faux enjambe la campagne. Nous allons plus vite que les routes. Plus vite qu'une voiture. Aussi vite que le froid.

Déjà le pays perce. Je ne m'arrête pas. Je vois le chemin que nous n'avons pas pris à travers notre visage.

Quand je ne vois rien, je vois l'air. Je tiens le froid par les manches.

# LE VIN DU JOUR

Le vin du jour me gagne
au milieu du jour

le milieu rouge

avec une route au fond
et le roulement de la ferraille
qui m'appartient

la vaisselle
de la terre
croule

comme une maison

sous les pas

et je m'arrête
chaque fois qu'elle sonne
sur la prunelle des pierres.

# AUTRE RESSORT

Ce texte comme une pierre perdue, une deuxième fois
arraché à la terre, dans la chambre qui m'enrobe.
Exposé au feu insignifiant, au feu imaginaire. Tu
n'opposes rien à la nuit, au jour agrandi.

Inséparable de ce qui est ouvert, de la lumière
ambulante.

J'ai négligé l'air blanc qui s'abat autour de nous sans
un mot,
                          jusqu'à la pluie sans reproche, au
cris des moellons.

Pour suivre la trace du vent, jusqu'au feu glacé, à l'endroit où se tenait l'arbre, la terre inoccupée,
                              où tu te tenais.

Du plateau au feu limpide à l'air desséché de la route à laquelle nous sommes adossés.

Vent, mais feu, vraiment, jusqu'au talon, au jour noir, au bord du front.


Le vent souffle comme en pleine nuit.


Retenus par la pierre,
                    le plâtre immédiat, à l'abri
            de la chambre ou du rocher.

La partie blanche et la partie bruyante

j'ai reconnu le jour exact

dans sa nudité

qui s'éclaircit
et se glace

son exacte nudité

la paroi sans tableau
les ardoises
les glaciers

la neige des vitres
des glaciers.

Cette chambre dont je vois déjà les gravats, comme une montagne blanche qui nous chasse de l'endroit où nous dormons.

La montagne qui nous chasse, le pain sans répit.

*Face de la chaleur*

# BATTANT

La meule de l'autre été scintille. Comme la face de la
terre qu'on ne voit pas.


Je reprends ce chemin qui commence avant moi.
Comme un feu en place dans l'air immobile,
              l'air qui tournoie au-dessus du chemin.
Tout a disparu. La chaleur déjà.


Souffle l'orage sans eau. Se perd l'haleine des glaciers.
Sans avoir enflammé la paille qui jonche le champ.


Cette maison dans l'autre orage. Comme un mur froid
au milieu de l'été.


Vers la paille. Vers le mur de plusieurs étés, comme un
éclat de paille dans l'épaisseur de l'été.

# PRÈS DE CE QUI T'ÉCLAIRE

Près de ce qui t'éclaire,

                        aussi loin que l'étendue
où la chaleur se démet, déjà j'entends, plus loin, le
roulement de l'air sur la terre sèche. La rosée nous
serre.

## SCINTILLATION

Ce feu qui nous précède dans l'été, comme une route déchirée. Et le froid brusque de l'orage.

Où je mène cette chaleur,

                dehors, j'ai lié le vent.

La paille à laquelle nous restons adossés, la paille après la faux.

Je départage l'air et les routes. Comme l'été, où le froid de l'été passe. Tout a pris feu.

Le jour qui s'ouvre à cette déchirure, comme un feu détonnant. Pour qui s'arrête auprès des lointains. Le même lit, la même faux, le même vent.

## FACE DE LA CHALEUR

Arrêté,
      jusqu'à ce que l'air, en s'illuminant, m'ait
découvert ici, je bute contre la chaleur qui monte au
front des pierres.

                                    Avant que le ciel
se soit asséché.

Comme l'air que cette clarté fend, dans l'obscurité
de la chaleur.

## EMBRASURE

Notre visage, comme un mur, heurté par le même feu.
    Comme le froid dans l'horizon compact.


J'effleure, sur la terre serrée, ce front qui se hisse à côté de moi.


L'autre distance qui fait écho au front, à travers cette trop grande chaleur, comme le corps infime de l'été.


Tout fuit à travers l'eau immobile, les souffles de l'air.


    La route liée nous est rendue en feu.

Je ne me suis habitué au jour
qu'à la fin du jour.


Le feu brûle aujourd'hui sous un autre nom.

*Sur le pas*

## SUR LE PAS

                  Rien ne distingue la route
des accidents de ce ciel.


Nous allons sur la paille molle et froide de ce ciel, à peine plus froide que nous, par grandes brassées, comme un feu rompu dont il faut franchir le genou, qui s'éclipse.


Je tiens deux mains chaudes, deux mains de paille. Un front de paille avance près de moi dans le champ obscur, sous ce genou blanc.     Entre mes membres et ma voix,

               le sol, avant le matin.

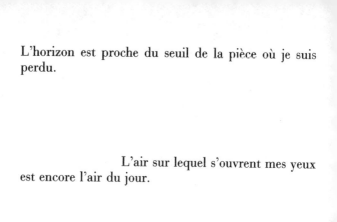

L'horizon est proche du seuil de la pièce où je suis
perdu.

L'air sur lequel s'ouvrent mes yeux
est encore l'air du jour.

Le lent travail du métal des faux à travers les pierres.
La terre houleuse fulmine.

Une nouvelle clarté, plus forte, nous prend les mains.
L'espace, entre nous, s'agrandit comme si le ciel, où le
double visage s'embue, reculait démesurément.

Je vis de ce que l'air délaisse, et dont je démêle à peine
ce regard qui finit de s'épuiser dans la terre froide au
goût de brûlé.

La clarté n'atteint pas le jour.

                                  L'eau ne la fait pas
siffler.

Je regarde l'air animé comme si, avant l'horizon lisse, j'étais embarrassé de cette étendue que j'embrasse. Sur le sol à nouveau retourné, où le jour en suspens s'abreuve à notre pas,

                        fixe, dans sa blanche indécision.

Comme le vêtement de ce glacier que l'usure couvre de son givre.

La paroi,

             au devant, qui, si possible, se fait
plus proche, bien que nos pieds soient libres
de la poussière qui anéantit comme du sol froid. Je sais
encore, sur ce foyer piétiné et froid qui se sépare
lentement de son feu, que derrière moi l'oreille brû-
lante du soleil me suit, sans même relever la tête vers le
champ rose, avant que la nuit roule et nous ait
anéantis.

Comme une goutte d'eau en suspens, avant que la
terre se dilue.

        Je vois la terre aride.

Je reviens,

        sans être sorti,

                du fond des terres

à ces confins,

        à l'heure où le jour brûle encore sur les
bords, ou y fait courir un cordon de feu.

Mais la paroi blanche,

           dorée,

              glacée

par la lumière qui la rehausse et y fait courir de faibles
montagnes.


           L'air dans lequel je me dissipe.


Même lorsque le cadre terrestre est dans le feu, que
l'évidence se dissipe sur ce dos excorié, comme le pas
sur le cadre des routes,

           plus qu'il ne fuit.

Devant cette paroi qui s'ouvre, front traversé par le
vent qui devance le visage et s'approfondit, un arbre
comme un mur sans fenêtre,

                  à côté de la route basse
et froide qu'il regagne,

             comme une porte déjà ouverte.


         Elle,

             l'éclat,

                 la tête impérieuse du jour.


        A l'instant où le feu communiqué à l'air
s'efface, où la blancheur du jour gagne, sans soleil.

        Le champ dont nous sépare ce jour,
ce talus.

Cheminant vers le mur inaltéré devant lequel j'ai toujours fait demi-tour, j'avance lentement dans l'air pour atteindre à l'immobilité de l'autre mur.

L'air qui s'empare des lointains nous laisse vivants derrière lui.

## NIVELLEMENT

Je conserve le souvenir de la rosée sur cette route où je
ne me trouve pas,

                     dans le désespoir du vent
     qui renoue.


                 Ce ciel, dans le lieu en poudre que
révèle la fin de son souffle.


Dans l'étendue,

             même endormi, que je retrouve
             devant moi, hier j'ai respiré.


Reçu par le sol, comme l'étendue de la route que je
peux voir.


    Je reste longuement au milieu du jour.

# EXTINCTION

Le nœud du souffle qui rejoint,
                              plus haut, l'air lié,
    et perdu.


Ce lit dispersé avec le torrent,
                              plus haut, par ce
        souffle.


Pour nous rêver torrent, ou inviter le froid, à travers
tout lieu habité.


De la montagne, ce souffle, peut-être, au début du
jour.


L'air perdu m'éblouit, se fermant sur mon pas.

## LOIN DU SOUFFLE

M'étant heurté, sans l'avoir reconnu, à l'air, je sais,
maintenant, descendre vers le jour.


Comme une voix, qui, sur ses lèvres même,
assécherait l'éclat.


Les tenailles de cette étendue,

                                          perdue pour nous,
               mais jusqu'ici.


J'accède à ce sol qui ne parvient pas à notre bouche, le
sol qui étreint la rosée.


Ce que je foule ne se déplace pas, l'étendue grandit.

*Cession*

Le vent,
        dans les terres sans eau de l'été, nous
    quitte sur une lame,
                    ce qui subsiste du ciel.


En plusieurs fractures, la terre se précise. La terre
demeure stable dans le souffle qui nous dénude.


Ici, dans le monde immobile et bleu, j'ai presque
atteint ce mur. Le fond du jour est encore devant nous.
Le fond embrasé de la terre.                    Le fond
et la surface du front,
                    aplani par le même souffle,
ce froid.


Je me recompose au pied de la façade comme l'air bleu
au pied des labours.


                    Rien ne désaltère mon pas.

IMAGE PARVENUE
À SON TERME INQUIET

*L'évidence que recouvre le nom de poésie, tôt ou tard se révèle à ce point banale que chacun de plein droit se l'approprie, comme si, à même l'obstacle qui un instant a pu nous en retrancher, l'élément rare — montagne ou évidence — de lui-même se déplaçait jusqu'à nous : que, poésie, rien du coup ne la distingue d'une réalité dont elle continue de tirer, sans en conserver de trace toujours reconnaissable, le pouvoir rudimentaire qui aveuglément nous a engagés.*

*Ce feu qui, sans même adhérer au terme qui le désigne, ne tient pas en place (qu'on le nomme froid, aussi bien...). Cette image déroutée qui, une fois éteinte, nous accompagne au cœur de notre inattention. Cet élargissement de son premier éclat jusqu'à la banalité.*

*Aveuglante ou banale, l'écart est peu sensible, comme d'une lampe qui ignore le jour.*

*Elle est comme décolorée par la rapidité avec laquelle elle s'éloigne de la circonstance qui lui avait conféré semblant de justification. Si loin qu'elle apparaît nette de passé, qu'on la retrouve au-devant de soi comme non avenue, son point d'origine ne se laissant localiser que dans l'instant, et dans un instant qui la dessaisit, coup après coup, des significations auxquelles on peut l'avoir assujettie.*

*Si loin qu'il semble que la parole débordée, dans son emportement, aille droit à une destruction.*

*Poésie. Déjà, ce n'est plus d'elle qu'il s'agit. Sa force est dehors, dans la plénitude qui l'entame. Et dans cet instant où, la parole en place, de nouveau elle se révèle en défaut.*

*Ici la plaie parle, elle est devenue nécessaire.*

C'est l'air.  L'air est à moi partout.
. . . . . . . . . . . . . . . . . .
Le feu dans le cœur d'une souche
A la fin lui ouvre une bouche
Par où l'on voit et peut entendre

. . . . . . . . . . . . . . . .

*La toute-puissance des mots décolorés. Rien — et
l'air. Cette bouche, cette main, ces yeux, leur atten-
tion confondue, ce sont de tout temps les nôtres, et
nous ne quittons pas ce ciel, à un pouce du sol, où nous
sommes établis.*

*Lorsqu'elle atteint au degré d'incandescence qui lui
permet de se confondre avec nos propres traits, sa
chance, une fois appréhendée, sera de passer inaper-
çue. Banalité inexpugnable : nous ne la reconnaî-
trons plus avant de nous être nous-mêmes, comme à
nouveau, reconnus.*

*Son feu, c'est, une fois encore, un retard consumant sur la vie en excès, aussitôt qu'en l'exprimant nous avons cru au plus serré localiser la nôtre. Son feu interrompu, sa scintillation : à terme, il lui faut rejoindre encore, à nouveau se détacher.*

*C'est encore ce souffle — perdu pour respirer, et perdu — dans l'instant même où, d'une parole que le poème a, semble-t-il, arrêtée, il nous arrivera d'induire que, notre fin, nous l'avons laissée derrière nous.*

*Un glissement se produit aussitôt à l'intérieur de cette parole dont nous n'avions jusque-là pu prendre en charge que l'action intérimaire, et dans la patience — l'atonie même — qui en constitue aussi un soubassement.*

114

*Image parvenue à son terme inquiet.*

*Où est-elle, alors? autant dire, nulle part. A l'extrémité, elle commence. Instant singulier dont la mémoire nous est presque aussitôt retirée, mais dont nous avons aussi le pressentiment qu'il peut ne pas être unique.*

OU LE SOLEIL

*Ou le soleil*

Où le soleil
— le disque froid de la terre, le disque noir et
piétiné, où le soleil a disparu — jusqu'à l'air, plus
haut, que nous n'habiterons pas.

Sombrant, comme le soleil,
que nous ayons disparu — le travail du soleil — ou
avancé encore.


Jusqu'à nous — chemin raboteux au front.


J'ai couru avec le soleil qui disparaît.

Lumière, j'ai eu pied.
Jusqu'à l'air que nous ne respirons
pas — jusqu'à nous.


Demain — déjà, comme un nœud
dans le jour. Le vent arrêté retentit.

                    Comme, au-dessous de la figure
        de l'air

                    épars, dans les terres sur elles retournées,
        paille, elle, que le vent cherche, toujours.




                    S'arrache, comme j'avance — s'arrache à ses
        lointains, le nouveau sol ajouré.

Jusqu'à ce sol habité sous le pas,
qui tarit — sous le pas seulement.


Comme le regard
de ce que je n'ai pas vu — et en avant.


Sous le pas, seulement, accueillant au jour.

La face d'eau des glaciers. La face de l'eau debout dans le jour.

Mais la terre, comme je cours encore, est arrêtée au-dessous du vent.

Par les pierres des chemins sans eau. Les pierres à moitié.

Dans le jour en poudre,
et du même pas — sur nous, froid, et souffle, comme
en suspens.




A travers ce que donne, au loin, une foulée encore
(fardeau masquant le feu,
la fraîcheur)




L'air —
sans atteindre au sol, seulement — sous la foulée,
revient.

*L'inhabité*

## L'INHABITÉ

Nous nous arrêterons, pour la hauteur, dans le vent qui n'assèche pas les lointains, sur l'empierrement debout.

Notre appui souffle. Le ciel est comble, et s'ouvre encore.

## SOLIDITÉ

De la route, plus bas, renvoyée aux poignets, quand elle nous reçoit.

Les pierres.

Je me suis interrompu, comme le jour, à son soulèvement.

Avant qu'à l'asphalte bleu
les genoux soient traversés. Comme, en quelques jours,
les glaciers du ciel,
                    au sommet aplani.




Pour oublier, sur l'emplacement du soleil, déjà, le
jour en feu
                    qui revient.

# ARAIRE

La jante du froid, que
l'air en avant de nous, façonne — et sans retour,
comme l'éclat.

Elle.

# SANS PLUS ATTENDRE

                          Montagne après montagne,
comme, à l'épaule, elles se rassemblent, que les
lointains s'atténuent !


    Accolé au jour,
                    le liseron.     Comme le bleu à sa
hampe.

## LA NUIT

Où la terre, aujourd'hui,
                        sous cette charge,
submerge le soleil, toute, l'entourant, comme l'herbe
en meule au pré abrupt,
                je l'ai vue.

# SOLSTICE

        Puisqu'au-dessous du vent,
nous nous sommes arrêtés, où, après le soleil, tu ne
l'attendais pas, j'ai franchi, l'été, comme une masse
éclatée, la montagne,
                lié les deux
     soleils.


La chaleur bientôt.

## OUBLIÉ, ICI...

Oublié, ici, qui coupe.
Le ciel.
Comme, de l'autre côté, par des terres
retournées. Le ciel que je n'avais pas vu repose
sur la terre en volute.

Ou éblouit.

Après le lever froid, à l'autre jour.
Je heurte le jour qui brûle parmi les murs évanouis.


Dehors,
à ce qui demeure, et que récolte, comme tu fais demi-
tour, une face, encore.

# MURGERS

Montagnes à l'attache (le front des glaciers sous l'embu) où elle pour demain écorche.
                          Même la maison

sous mon pas.

## LES JALONS

        L'un sur l'autre fermés —
comme, autour du pas enfoui, le soleil,
            courte terre.


        Le soleil, encore,
le soleil, autour de ce pas, résonne.

Le vestige du pas du soleil. Entre nous. Entre soleil et nous.

Comme la terre, alors, sur laquelle aura passé — plus loin, je la vois — le soleil.

Paille dans l'épaisseur, sur l'affût
d'un souffle
qui coupe, l'éclat !

Jusqu'à ce lointain qu'elle emporte, elle,
dans le jour.  Comme je te rejoins.
Mais le vestige est en avant.

S'interrompt, comme je te rejoins, où le jour aura fusé.

## LA TERRE...

La terre,
et en avant, aussi aveugle que soleil après la retombée.


Pour te rejoindre je reviens.

## FLEURS

Pas plus haut,
                    où elles s'arrêtent, ces eaux
bleues ! que le premier escarpement des fleurs tout à
coup transpirant dans l'air froid,
                                    et aussi rude.


                    Mais le baiser, venu
par des fonds raboteux, où, poussiéreuse brassée, je
disparais dans le jour qui attend le soleil.


                    Qu'elles ne l'arrêtent pas, la façade
sera rendue, elle, aux pierres.

145

Parmi les fleurs, encore, cintrées par la chaleur
du nuage, puis, par le vent, au cœur des routes,
                              le nuage ! se heurtant à
ce qui a fleuri.


        S'il faut, pour qu'elles grandissent, avoir
croulé
    jusqu'au bleu,
                la sauge,
                        à quelque route.

146

Plus tard, comme le pas,
la nuit, les voit, leurs faces maintenant tendues,
linge dans l'air ras !

# ÉTAGE

Demain, au-dessous de la terre, encore
(j'ai sombré, couru) le coutre, comme tu t'incorpores
au jour,
     s'accoude


au vent.

# L'ÉTEULE

Dans ce jour aussi long
qu'en plein été, où le lointain, lame étrécie, va sourdre.
Vers elle.
Ou vers l'été glacial. Non sur sa trace.

Le chemin ici,
sans un trait, accourt.

Ce que glace la faux, et qui écorche,
finit en feu, soudain.

Le nuage est immobile. Les murs se heurtent dans
le vent.

Je ne me suis pas réveillé sur la route que j'ai arrachée au soleil. De tous côtés, elle revient.

— Si tu t'appuies, tu t'enflammes.

Mais la route qui s'écarte sans fin, m'entoure. Comme le ciel, à pied, lorsque la nuit sèche.

— Rien ne nous sépare.

Plus serré
que le nuage, dans les chemins se couvrant de fine et
froide poussière,
le toit que j'ai voulu se retire.


La longueur du foyer éblouit, pendant qu'elle
tarde sur ces chemins, où, aux premières pierres,
j'ai eu corps.

## EMBÂCLE

S'il fallait, aussitôt sorti, rester dehors,
qu'il n'était plus
temps de reculer. Ici, quand la montagne serait sur
nous. Mais il est temps de reculer.


— Le chemin le plus court m'éclaire, dès le
jour, comme il prend, sans faire halte. De retour, déjà,
il emporte.


Oh, la route que l'inaction de l'air envahit !

## LE PIED POUDREUX

Entre nous,
j'ai vu l'air, comme, au pied épars, le mouvement de la
chaleur du soleil.

Pure terre. Pur glacier. Par le chemin qui
s'ouvre où aujourd'hui tu reviens.


— Mais ma tête est sous les routes.
Au sol de la même maison.

Comme à l'oreille vient le jour, je l'ai vu.




                              A terre, ici, ricochant,
que,
        sur la glace de ces terres, par la poitrine sèche qui
l'encercle, elle soit, alors, entourée.




Dans la même maison fermée, si, en avant de nous, elle
éclaire,        la soif.

Plus loin que le soleil,
ce qui nous a été remis de nous, meule dans
l'embrasure compacte, s'est retiré.

La poussière profonde fraîchit.

Notre pas, s'il ne l'effleure,
lui étant arraché, le jour, alors. Hors de nous, comme,
au retour du feu, il se sera enveloppé de ce souffle.

Dans le lit des poussières,
qui, beaucoup plus haut, tiennent le jour, tout est
entré.

                                        Le souffle,
au pied poudreux  —  de l'un à l'autre,
                              clairsemé.

*Assiette*

Agrandi jusqu'au blanc


l'époque
le morceau de terre
où je glisse


comme rayonnant de froid


dans le jour cahotant.

Quand je dis charbon
je veux dire
hiver


c'est ce qu'il avait voulu dire
par cette bourrasque


la toux


les contusions


tout est posé comme une blessure


l'assiette immobile

les objets nés des mains
s'ouvrent
au fond de l'air


cuisant.

Ébréché
par un tombereau

l'air bleu

partout où mon front
trouve

la terre

ou le front de la terre.

Dans une chambre
froide
de loin dorée


la lumière est un pli


je la vois
sans sombrer


presque sous les roues


comme le mûrier
que la route blanchit.

*Ajournement*

J'occupe seul cette demeure
blanche

où rien ne contrarie le vent

si nous sommes ce qui a crié
et le cri

qui ouvre ce ciel
de glace

ce plafond blanc

nous nous sommes aimés sous ce plafond.

169

　　　　　　　　　　　Je vois presque,
à la blancheur de l'orage, ce qui se fera sans moi.


　　Je ne diminue pas.　Je respire au pied de la
lumière aride.

S'il n'y avait pas la force
de la poussière
qui coupe jambes et bras


mais seul le blanc
qui verse


je tiendrais le ciel


profonde ornière
avec laquelle nous tournons


et qui donne contre l'air.

Dans cette lumière que le soleil abandonne, toute chaleur résolue en feu, j'ai couru, cloué à la lumière des routes, jusqu'à ce que le vent plie.

Où je déchire l'air,
                              tu as passé avec moi. Je te retrouve dans la chaleur. Dans l'air, encore plus loin, qui s'arrache, d'une secousse, à la chaleur.

La poussière illumine. La montagne, faible lampe, apparaît.

*La lumière de la lame*

# LA LUMIÈRE DE LA LAME

Ce glacier qui grince

pour dire
la fraîcheur de la terre

sans respirer.

Comme du papier à plat sur cette terre,
ou un peu au-dessus de la terre,
comme une lame je cesse
de respirer. La nuit je me retourne, un instant, pour le
dire.


A la place de l'arbre.
A la clarté des pierres.


J'ai vu, tout le long du jour,
la poutre sombre et bleue qui barre le jour se soulever
pour nous rejoindre dans la lumière immobile.

176

Je marche dans les éclats de la poussière
qui nous réfléchit.


Dans le souffle court
et bleu
            de l'air qui claque


loin du souffle


l'air tremble et claque.

# L'ENTAME

                                          La terre
dont le battant — qui tourne t'éblouit, encore
enveloppée dans l'épaisseur bleue, m'éclaire, sans
s'éteindre, à travers ce mur.

                               Les murs se referment, la route seule
nous éclaire.

# ŒUVRES

                                        Bifurquer,
comme la déchirure sans bruit au ciel toujours
épris d'une face !
                        l'épaule sous la faux.


            Le soleil,
                        voiture obscure.


                                        Les ornières
ont disparu.

                                        179

## STATION

Le jour,
                    maison au bord du premier chemin.  Et
ce regard en froid ardent sur notre face,
                                    la face de l'été.


                    Ce n'est pas nous qui allons, c'est
le feu qui va.
                    L'été,
                            peut-être,
                                    qui entre en plein jour
dans le foyer, comme un nuage en marche au-dessus
des façades blanchies.

Le vent
   rangé comme un fléau de pierre


au coin des vergers.

# ÉCLIPSE

Mais toujours contre la même route,
                                sur nos pieds
                    de corde.


            Les caisses
                        fermées à coups de marteau,
avant que flambe, dans les carreaux de la façade,
            cette lampe que renverse
le vent.


        Ma femme,
                debout derrière le mur,

                                        enlève un à un
les linges du couchant,
                    et les entasse sur son bras
    libre.



        Sur cette route qui ne mène à aucune maison,
je disparais jusqu'au soleil.



            Le pays explique


        la laine de la route
        tire


            et s'enflamme.

## CETTE SURFACE

De la terre,
je ne connais que la surface.

Je l'ai embrassée.

J'ai fait mon front
de cette destruction


le froid
l'été pivotent sur lui


du jour


ce mur élimé
comme une langue qui râpe


avant de tomber.

                        La lampe
est un feu froid,
                        puis le froid se révèle dans l'obscurité.




                        Pendant que des bouffées
de froid entrent dans la pièce, je suis encore en proie à
cette marche, je trouve de toutes parts la terre qui me
précède et qui me suit.

Plus chaude que moi, la paille qui enveloppe
notre pas venu de terre — notre pas comme cette
clarté

                                        dans le corps
            de la terre.

# LA SECONDE FAUX

Encore une fois plus loin que le vent. Mais sans quitter le jour. O dessillés, ô appuyés à la chaleur de l'étendue !

# VOLTE

Qu'il y ait, à l'arrêt, un talon rompu, un feu qui
prend ou qui part,
                    au coin de ce feu encore affairé,
        je reconnais le vent.




                    Sa main,
                            telle la chaleur
des murs de la maison disparue, parmi les pierres en
liberté.


                    Elle s'est rouverte dans le vent.

189

## AVANT LE MATIN

Tout l'air du dehors imprègne la pièce.
Le jour le projette contre cette blanche paroi.


Pas plus que le brasier blanc du matin, comme on
approche
        de la lumière,
               du froid.  Comme la poitrine
ouverte, du matin froid.


        L'air lisse


        le sol et l'air


        la terre comme une pièce
        dans l'intervalle du feu.

Le jour
avec les travaux du jour


le blanc des murs


je me range
avant de prendre feu
comme le vent


au début du matin.

*Billon*

            Fleurs dans l'air âpre et froid
sur nous retournées (j'ai vu leur pas de haut)


           Comme par les routes le genou
plie,
   l'air — plus lent, plus loin — soleil après le jour,
qui rompt le souffle.


   Le front des montagnes rentre. La fraîcheur de la
route reprend.

Souffle
sur quoi le jour interrompu

comme glacier dans le jour

reprend.

Comme
au pied immobile
le sol sans attache

l'air.

Au-dessus du front enfoui, courte houle, la terre foulée
refermée. La minceur de l'autre face — tant que l'air
a souffle — entre soleil et nous.


S'est glissé. Entre nous s'est glissé. Le froid, alors,
s'est glissé.


Comme, sous le pas,
— tant que l'air a souffle, entre soleil et nous, la mince
terre.

Dehors
                                où, sur ce qui souffle,
la porte, après le vent, se sera fermée, l'air — où l'un
de nous a disparu.  L'air après le vent.

                        De l'autre côté de cette face,
comme illuminera  —  de l'autre côté de la poussière,
                                        le soleil

        enfoui.




Qui parle sur l'air interrompu, le vent le serre.  Le vent
de loin le serre.

La terre avec le souffle
— entre soleil et nous — confondus. Mais le soleil qui
emporte est pour moitié dans l'épaisseur.

Où
jetés — l'un de nous, et l'autre — tu puises cette
chaleur qui heurte. Comme, à l'entour du sol de la
terre fermée, en avant de nous, notre souffle. Tout est
à toi. Vient pour toi.

Le jour

comme, après soi, le jour

L'armoise. La consoude

dans sa poudre.

# PORTEUR D'UN LIVRE
# DANS LA MONTAGNE

*... chute de neige, vers
la fin du jour, de plus en plus épaisse, dans laquelle
vient s'immobiliser un* convoi sans destination — je
tiens le jour... *La paupière du nuage porteur de la
neige se levant, je me retrouve inclus dans le bleu de
l'autre jour.*

*Son pourtour semblable aux montants mal ajustés
d'un cadre métallique mobile, je l'avais cependant —
sans aucune application possible — solidement tenu
entre mes mains, déjà : chemin ferré étréci sur
l'enclume de l'un des forgerons ayant donné de loin en
loin, autrefois, dans la vallée, le timbre de lieux
habités aujourd'hui déserts. Hier encore, nous en
parlions. La brusquerie du froid qui s'était abattu, par
la suite, avec l'orage, n'est plus, entre mes draps,
qu'un souvenir dont je démêle mal, en plein été, s'il
provient d'un livre ou d'un village. Le froid, soudaine-*

ment avivé par la sonnerie inattendue de l'orage, et auquel, toute trace de chaleur disparue, s'ajoutait alors celui de la nuit, se déposait en neige dans ma tête, bloquant les voies...


                    Un livre ou un village, les lignes étrécies étant celles d'une tranche — au possible — jusqu'à ces lèvres...


Enclume de fraîcheur, de cela, comme je le tiens, je ne serai pas délogé.


... parole — non : cela, la parole, elle seule, le dit, scindant.


Le convoi est bloqué. Pas de destination, étant là — dans la consistance de cette neige...

206

*... après soi comme inclus dans la langue — le jour.*

*... pas de destination : j'ai rejoint.*
*Mais la parole qui le rapporte, je dois encore aller*
*jusqu'à elle : comme à pied. Une glose obscurcit ou*
*éclaire.*

# DANS LA CHALEUR VACANTE

## DU MÊME AUTEUR

AIR suivi de DÉFETS, 1950-1953, Fata Morgana, 1986.

DANS LA CHALEUR VACANTE, Mercure de France, 1961.

OU LE SOLEIL, Mercure de France, 1968.

QUI N'EST PAS TOURNÉ VERS NOUS, Mercure de France, 1972.

LAISSES, Hachette, 1979, Fata Morgana, 1984.

L'INCOHÉRENCE, Hachette, 1979, Fata Morgana, 1984.

RAPIDES, Hachette, 1980, Fata Morgana, 1984.

PEINTURE, Fata Morgana, 1983.

AUJOURD'HUI C'EST, Fata Morgana, 1984.

ICI EN DEUX, Mercure de France, 1986.

UNE TACHE, Fata Morgana, 1988.

... DÉSACCORDÉE COMME PAR DE LA NEIGE, Mercure de France, 1989.

CARNET, Fata Morgana, 1994 (1$^{re}$ éd. Plon, 1990).

DE PLUSIEURS DÉCHIREMENTS, Éditions Unes, 1990.

ALBERTO GIACOMETTI — DESSIN, Maeght éd., 1991.

CENDRE TIRANT SUR LE BLEU et ENVOL, Clivages, 1991.

AXIALES, Mercure de France, 1992.

MATIÈRE DE L'INTERLOCUTEUR, Fata Morgana, 1992.

RETOURS SUR LE VENT, Éditions Fourbis, 1995.

POÈMES ET PROSES, Mercure de France, 1995.

POURQUOI SI CALMES, Fata Morgana, 1996.

D'UN TRAIT QUI FIGURE ET DÉFIGURE, Fata Morgana, 1997.

*Traductions*

LA TEMPÊTE de Shakespeare, Mercure de France, 1963.

POÈMES de Hölderlin, Mercure de France, 1986.

POÈMES de Paul Celan, Mercure de France, 1986.

VOYAGE EN ARMÉNIE de Mandelstam, Mercure de France, 1984.

*Ce volume,*
*le deux cent cinquante-deuxième*
*de la collection Poésie,*
*a été composé et achevé d'imprimer*
*par l'imprimerie Bussière à Saint-Amand (Cher)*
*le 25 février 1999.*
*Dépôt légal : février 1999.*
*1ᵉʳ dépôt légal dans la collection : septembre 1991.*
*Numéro d'imprimeur : 619.*

ISBN 2-07-032664-0./Imprimé en France.

90402